ÜBER SIEBENBÜRGEN
BAND I
KIRCHENBURGEN IM HARBACHTAL

HOLZMENGEN HOSMAN HOLCZMÁNY HUULZMOINDJEN

ÜBER SIEBENBÜRGEN

BAND 1
KIRCHENBURGEN IM HARBACHTAL

ANSELM ROTH   FOTOGRAFIEN UND TEXT
OVIDIU SOPA   LUFTFOTOGRAFIE

SCHILLER VERLAG
BONN
2015

© 2015 Anselm Roth und Jens Kielhorn/SV

Schiller Verlag Bonn
Ramersdorfer Straße 2
53229 Bonn / Deutschland
Tel. 0228-909 195 57

ISBN 978-3-944529-66-0

Kirchenburgenlandschaft

"Einzigartig auf dieser Welt, ja das sind unsere Kirchenburgen!« Kein bisschen bescheiden sind die Siebenbürger Sachsen, die hiergebliebenen, die ausgewanderten, die zurückgekehrten, wenn es um diese sakralen Bauten geht. Selbstverständlich gibt es auch anderswo Kirchen, die zu Rückzugs- oder Verteidigungszwecken mehr oder weniger aufwändig umgebaut wurden: In Deutschland (besonders viele in Baden-Württemberg und in Bayern), aber auch in Luxemburg, Österreich und in der Schweiz (wenige).

Bedrohung

In Siebenbürgen stehen sehr viele, aber bei ebenfalls sehr vielen von ihnen scheinen die Tage gezählt. Das schaurig-schönste Dokument dieses Verfalls ist die Foto-CD des Bildhauers Peter Jacobi (er schuf das Holocaust-Denkmal in Bukarest), der auch ein exzellenter Fotograf ist: *Stillleben nach dem Exodus*. Manche der Szenen, die er in zauberhaftem Licht eingefangen hat, möchte man in Kunstharz gießen, zeitlos einfangen, einfach der morbiden Schönheit wegen. Doch er zeigt auch Kirchen, die sind aufgerissen wie ein waidwundes Tier, ausgeweidet, verendend. Nur sehr langsam beginnt eine Gegenbewegung, zu allmählich, um überall mit dem schnellen Verfall Schritt zu halten. Aber es gibt Hoffnung, weil mehrere Seiten zunehmendes Engagement zeigen: diverse staatliche und nichtstaatliche Organisationen, vor allem aus Deutschland, die Europäische Union, die Evangelische Kirche A. B. in Rumänien und nun auch der rumänische Staat.

Lohnt der Aufwand?

Viel Geld wird vermutlich fließen, und manche werden sich vielleicht fragen, ob dem wirtschaftlich unterentwickelten Land Rumänien nicht anderswo besser geholfen werden kann. Müssen denn ausgerechnet die alten Gemäuer einer inzwischen fast ganz aus dem Land verschwundenen deutschen Minderheit aufgepäppelt werden? Von den vielen Wissenschaftlern und Architekten, die sich seit vielen Jahren mit den Kirchenburgen der Siebenbürger Sachsen beschäftigen, käme vermutlich unisono ein lautes Ja.
Aber wie ist es mit den anderen Menschen hier in Rumänien? Touristen zum Beispiel zeigen sich eher zurückhaltend. Klar, Richtung Birthälm kreuzen die Busse aus Nah und Fern im Zehn-Minuten-Takt durch das gewundene Tal. Doch eine andere Kirchenburg, nur acht Autominuten entfernt, aber nicht auf der UNESCO-Liste, dämmert nahezu ungestört in ihrem Dornröschenschlaf. Die Burghüter in Großkopisch/Copșa Mare werden ganz aufgeregt, wenn einmal jemand vor ihrer Tür auftaucht. Dann zeigen sie eine Wehrkirche, die mit ihrer Wucht und Präsens überwältigend ist. Auch wenn Sie eine der Kirchenburgen aus dem Harbachtal besuchen, ist die Gefahr, auf einen anderen Besucher zu treffen, äußerst gering.
Und die Rumänen selbst? Die Berichte in den rumänischen Medien, ihre Häufigkeit und ihr Tenor, lassen den Schluss zu, dass eine zunehmende Hinwendung zum Erbe der nicht immer sehr beliebten Siebenbürger Sachsen stattfindet.

Absolut subjektiv

Wer sich länger mit den Kirchenburgen beschäftigt, entwickelt eine regelrechte Zuneigung zu ihnen. Dieser sentimentale Satz sei erlaubt, weil er schlicht und einfach den Tatsachen entspricht. Unter anderem liegt es sicherlich daran, dass diese siebenbürgischen Kirchenburgen nicht auf Geheiß irgendwelcher Adliger von ihren Untertanen errichtet wurden. Vielmehr waren es die Bürger und vor allem Bauern, die auf den Druck der zunehmenden äußeren Bedrohung reagierten und um 1500 vielerorts die Wehrbarmachung ihrer Kirche beschlossen. Das muss man sich, etwas vereinfacht, so vorstellen: Nach der anstrengenden Arbeit auf dem Feld trafen sich die Bauern bei ihrer Kirche und setzten dort die Tagesarbeit fort. Das sagt sich so einfach, aber oftmals reichte das Tagwerk einer Familie gerade einmal dazu aus, den Wintervorrat zu gewährleisten. Jede Stunde Arbeit an der Kirche konnte Hungergefahr bedeuten …

Zwar kann man heute an seiner Kirchenburg klar erkennen, ob der Ort eher reich oder eher arm gewesen war. Doch eines ist all diesen Bauten gemeinsam: Die Liebe zu ihnen ist quasi in Stein gemeißelt, denn das Bemühen, etwas Schönes, Erhabenes zu schaffen, ist überall sichtbar. Ihnen ist eine einfache, natürliche Ästhetik zu eigen, die heute so fasziniert. Natürlich waren auch viele Ortsfremde an diesen Bauten beteiligt: Steinmetze, Glockengießer, Holzschnitzer, Maler … Auch sie wurden von den Früchten der Feldarbeit bezahlt, bekamen neben Kost und Logis auch bares Geld.

Acht Bildbände

Auf der Liste des UNESCO-Weltkulturerbes sind sieben Kirchenburgen: Birthälm, Kelling, Wurmloch, Keisd, Deutsch-Weißkirch, Tartlau und Dersch (Kirchenburg der Szekler). Die Zahlen in den Quellen differieren sehr, wenn man sich aber an der Online-Enzyklopädie orientiert, dann existieren heute in Siebenbürgen noch rund 150 mehr oder weniger intakte Kirchenburgen. Über 300 sollen es einst gewesen sein. Die Hälfte von ihnen sind entweder verfallen oder eingestürzt, vielerorts wurden sie auch abgetragen, nachdem die Einführung neuer Waffen die Mauern überflüssig gemacht hatten. Die Steine und Ziegeln wurden für andere Bauten verwendet.

Dieser Harbachtal-Band soll der erste von insgesamt acht Bildbänden sein. Der Schiller Verlag will damit 18 Jahre nach dem Erscheinen des Klassikers *Siebenbürgen im Flug* des Luftfotografen Georg Gerster eine aktuelle Bestandsaufnahme aller noch existenten Kirchenburgen versuchen.

Anselm Roth

Inhalt

Thalheim Daia Dolmány Duelmen	8
Rothberg Roşia Veresmart Ruitbrich	13
Neudorf Nou Szászújfalu Nåenderf	16
Burgberg Vurpăr Vurpód Burchbrich	19
Holzmengen Hosman Holczmány Huulzmoindjen	23
Marpod Marpod Márpod Mooerpet oder Muirpert	27
Leschkirch Nocrich Újegyház Leschkirch	30
Alzen Alţina Alczina Ålzen	33
Agnetheln Agnita Szent Ágota Angniitlen	37
Roseln Ruja Rozsonda Ruiseln	41
Probstdorf Stejăriş Prepostfalva Pruuesstref	45
Jakobsdorf Jacobeni Jakabfalva Jookesderf	49
Neithausen Netuş Nethus Netchesen	54
Neustadt Noiştat Ujváros Nåerscht	58
Henndorf Brădeni Hégen Händerf	61
Trappold Apold Apoldya Puult	65

Thalheim Daia Dolmány Duelmen

Thalheim Daia Dolmány Duelmen

Auf dem Weg ins Harbachtal ist das erste Kirchturmdach, das man nach dem Verlassen Hermannstadts sieht, recht unscheinbar: Links auf einem Hügelchen im Dorf, fast verdeckt von Bäumen, steht die kleine Kirchenburg von Thalheim.

Umso beeindruckender ist der Anblick, wenn man den Schlüssel erfragt hat und in den Kirchhof eintritt: Wie von archaischen Kräften aus dem Erdboden geknetet steht die Kirche im Innenhof. Die Stützstreben würden weitaus höhere und dickere Mauern stemmen können, ihre Dimensionen lassen sicherlich jedes Erdbeben erfolglos abziehen. Um die Kirche herum scharen sich im Kirchenburghof die Gräber, einer Herde Schafe gleich.

Die Ringmauer stammt vermutlich aus der ersten Bauphase im 13. Jahrhundert. Damals war die Kirche eine romanische Basilika, ohne Turm, dafür mit drei Schiffen. Im Laufe der Jahrhunderte bauten die Thalheimer ihre Kirche mehrfach um, das Mittelgewölbe und die Orgelempore dürften aus dem Jahr 1778 stammen.

Im Süden der Ringmauer thront auf einem Tonnengewölbe über dem Eingang der Glockenturm.

Der Innenraum der Kirche ist schlicht, Thalheim mit heute 800 Einwohnern war ein bescheidenes Dorf. Ein Barockaltar auf einem Steintisch, ein ebenfalls barocker Kanzeldeckel fallen ins Auge.

*Wir schweigen, was wir nicht vergessen –
Der Becher steht gefüllt mit Leid.
Wir stehen starr, wenn andre essen;
wir sind entfernt und ausgereiht.*

*Das Nächste schleppt sich wie gebrochen –
Wir sind ein Weh, das bitter haucht.
Wir haben immer stumm gesprochen;
Die wirre Nacht ist nicht verraucht.*

*Das schlichte Dasein, das wir führen,
bleibt schwer wie Erde, dumpf wie Geld.
Wir sind ein blasses Volk, wir ernten
die Tränen von dem Bitterfeld.*

»Schweigen« heißt dieses ebenso schöne wie hoffnungslose Gedicht, und es hat dazu beigetragen, dass Thalheims bekanntester Sohn Georg Hoprich am 9. Oktober 1961 in einem Schauprozess zu fünf Jahren Straflager verurteilt wurde. Zwar kam er nach drei harten Jahren in der Bărăgan-Steppe wieder frei, doch glücklich sollte er, eh zur Schwermut neigend, niemals werden: Er hatte geheiratet, das einzige Kind erkrankte schwer, und fortan wurde die ganze Lebenskraft der kleinen Familie davon aufgezehrt, dieses kleine Wesen zu retten. Am 9. April 1969 schließlich gab er auf und ging in den Tod.

In der Thalheimer Kirchenburg ist sein Grab unter einem dunklen Stein. Darauf ein Foto von ihm, die Inschrift »Professor und Dichter der deutschen Sprache«. Die Grabverse stammen von ihm selbst:

Aus Stillsein ging die Flamme auf, / Die Wirrnis wurde Lebenslauf, / Der Irrtum leitete das Spiel, / der Tod war das geschmückte Ziel.

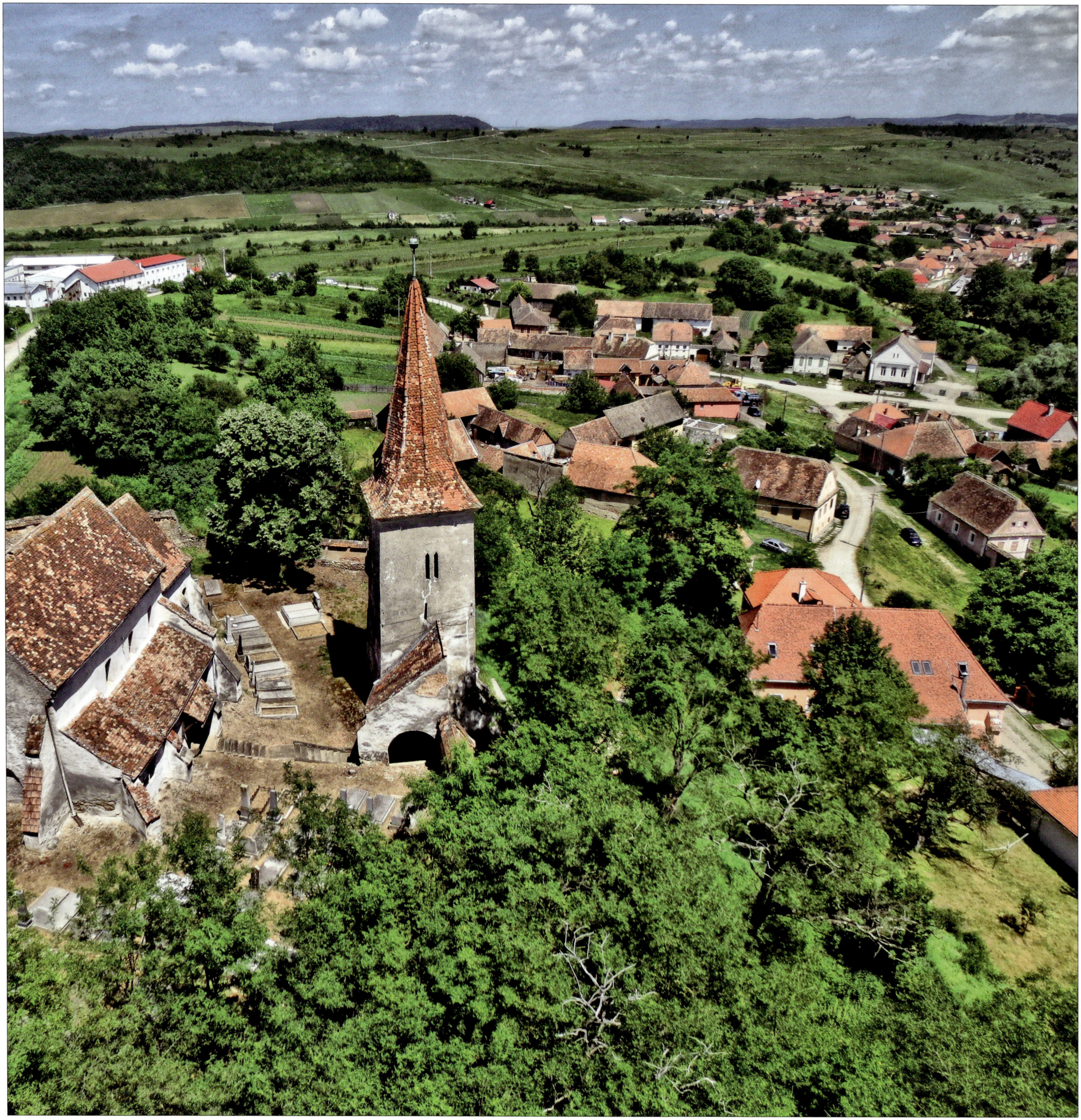

Rothberg Roşia Veresmart Ruitbrich

Ein paar Kilometer weiter nach Norden und 16 östlich von Hermannstadt liegt Rothberg, dessen Kirchenburg genau das ist, wonach sie aussieht: ein fast 800 Jahre altes Gebäude von starkem Wuchs, das seinen Erbauern feierliche Gottesdienste und meist sicheren Schutz gegen Feinde gewährte. Im Herbst 1600 sollen die Mauern der Kirchenburg sogar den Truppen des Mihai Viteazul getrotzt haben. Das Dorf vermochte das nicht: Es wurde komplett niedergebrannt. Nahe dem modernen Hermannstadt sieht die Burg aus wie aus der Zeit gefallen. Viele Elemente stammen auch tatsächlich aus den frühesten Jahren, so der Chor und der Triumphbogen sowie die Pfeiler zwischen den Schiffen. Oberhalb des Triumphbogens prangt ein ganz besonderes Bild aus dem Biedermeier, der Altar von 1781 ist im schönsten Barock.

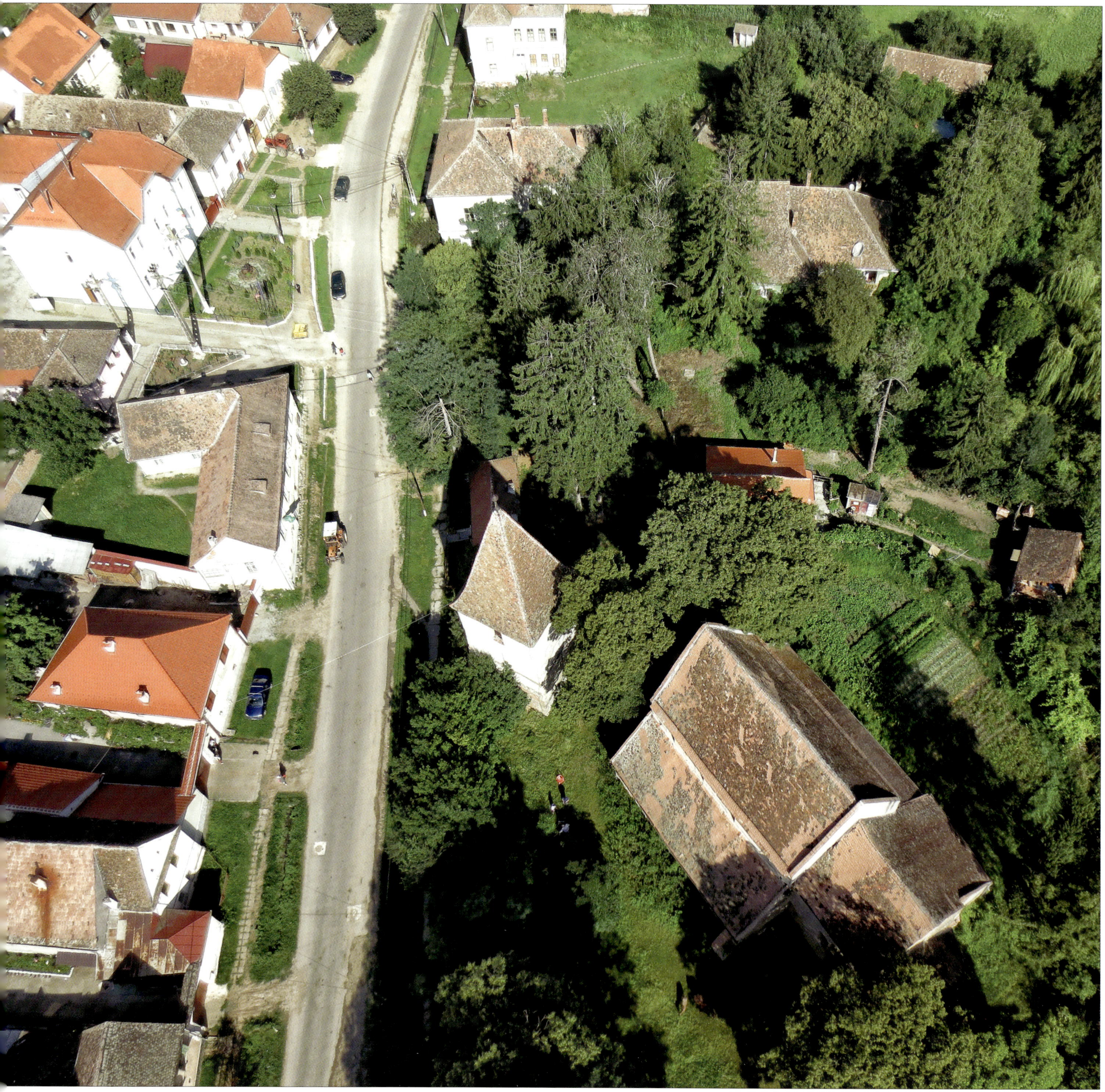

Ähnlich wie Thalheim kann sich auch Rothberg eines Literaten von Rang rühmen: Eginald Schlattner lebt im Pfarrhaus (Photo rechts), war einst Pfarrer der Ortes und agiert auch heute noch als über Achtzigjähriger als Gefängnispfarrer.

Ähnlich wie Hoprich fiel auch er in die Hände von Ceaușescus Schergen, wurde verhört und gefoltert, nach zwei Jahren Untersuchungshaft aber freigelassen. Zeit seines Lebens war er Vorwürfen ausgesetzt, als Zeuge der Anklage Freunde und Bekannte verraten zu haben.

Nach der Haftentlassung arbeitete Schlattner zunächst als Ingenieur, begann dann aber ein Theologiestudium und wurde Pfarrer.

Seine frühen Geschichten wurden 2012 im Schiller Verlag Hermannstadt herausgeben. Zuvor waren die drei Romane erschienen, die Eginald Schlattner international bekannt machten – seine Werke wurden in acht Sprachen übersetzt: *Der geköpfte Hahn*, *Rote Handschuhe* und *Das Klavier im Nebel*. Höchst vergnüglich zu lesen sind sie, diese wilden, zweidrittelfiktiven autobiographischen Szenerien. Doch nur Vergnügen sind sie nicht, trägt Schlattner doch zeitlebens an der Bürde des Freundesverrats, was auch in sein Werk einfließt:

»Welchen Druck die Securitate erzeugen konnte und welche Schuldgefühle das Paktieren mit ihr auslösen kann, hat wohl niemand sinnfälliger beschrieben als der bei Hermannstadt lebende Schriftsteller und Pfarrer Eginald Schlattner. In seinem autobiografisch geprägten Roman *Rote Handschuhe* erzählt er, wie der in Untersuchungshaft befindliche Erzähler sogar seinen unschuldigen Bruder an die Securitate verrät.«

[*Die Zeit* vom 18. September 2010]

Neudorf Nou Szászújfalu Nåenderf

Zufällig kommt keiner nach Neudorf, denn das Dorf liegt zwischen Thalheim und Rothberg, abseits von der Hauptstraße, am Ende einer Stichstraße. Trotzdem hat es sich seit 1332 munter entwickelt. Fast siebzig Bauernhäuser gab es, als Neudorf von Truppen des Vlad Țepeș in Brand gesetzt wurde.

Die Kirchenburg ist nur noch in Bruchstücken erhalten, die gotische Kirche mit ihren drei Schiffen ist allerdings nach wie vor ein stattliches Gebäude mit mächtigem Glockenturm über dem heute zugemauerten Westportal. Um 1500 geschah der Umbau zur Kirchenburg, da erhielt der viergeschossige Turm einen Wehrgang, der verschwand, als der Turm im Jahre 1884 einen neuen Dachstuhl mit dem heutigen Ziegeldach bekam. In dem Chorquadrat mit Apsis befindet sich ein Barockaltar von 1723, darauf ist eine Kreuzigungsszene zu sehen, umrandet von Putten und pflanzlichen Ornamenten.

Neudorf Nou Szászújfalu Năendorf

Neudorf Nou Szászújfalu Näendorf

Burgberg Vurpăr Vurpód Burchbrich

Wenn man einst mit der Agnethler Schmalspurbahn gen Burgberg fuhr, grüßte schon von weit das neue Dach des Kirchturms auf der Höh'. Bis 2006 war dies ein ver- und durchgerostetes Blechdach gewesen, doch Burgberg war das allererste der Projekte im Dächerprogramm der Kirchenburgenleitstelle der Evangelischen Kirche A.B. Rumänien, darum das neue Ziegeldach. Weitab liegt das Dorf, immerhin konnte es – von der Stichstraße einmal abgesehen – auch mit einem Zweig der *Wusch* genannten Agnethler Schmalspurbahn erreicht werden (die 15 Kilometer lange Strecke Härwesdorf/Cornățel–Burgberg wurde von 1910 bis 1993 bedient).

In den Urkunden tauchte es 1296 erstmals auf, als *Villa Heoholm*, 1337 hieß es auch mal *Portperk*. Aus der frühesten Zeit stammt auch die Basilika-Vorgängerin der Kirche, von der noch Nord- und Südportal erhalten sind. Der Barockaltar stammt aus dem Jahr 1776, nur zehn Jahre jünger ist das steinerne Taufbecken.

Den Turm der Kirche brachte im Jahr 1620 ein Erdbeben zu Fall, der heutige wurde um 1750 gebaut, das Blechdach bekam er bei der Renovierung 1861.

In den Torturm des ovalen Berings ist die Burghüterwohnung eingebaut. Daneben ist die Schule von 1845 (siehe Seite 21 rechts unten). Das mächtige Pfarrhaus (Seite 20) ist auf einem mittelalterlichen Fundament errichtet.

20 Burgberg Vurpar Vurpód Burchbrich

Burgberg Vurpar Vurpód Burchbrich

22 Burgberg Vurpar Vurpód Burchbrich

Holzmengen Hosman Holczmány Huulzmoindjen

Mächtig thront die Kirchenburg Holzmengen vor der Kulisse des Fogarascher Gebirges. Holzmenia findet sich in Urkunden im Jahre 1319 zum ersten Mal, die romanische Basilika – und das beweisen Stilelemente in der heutigen Kirche, wurde vermutlich sogar schon 1275 errichtet – natürlich im typischen Stil der Basiliken im Raum Hermannstadt mit drei Schiffen, quadratischem Chor und halbkreisförmiger Apsis. Der Glockenturm mit fünf Etagen erhebt sich über dem Westende des Mittelschiffes. Gleich zwei Mauern schützen die Kirche, eine ovale innere und eine mehreckige äußere. Gekrönt werden sie von zwei (äußeren) beziehungsweise vier (inneren) Türmen. Die sieben Meter hohe Innenmauer weist noch die Löcher auf, in denen die Tragbalken des Wehrgangs gesteckt haben. Der gewaltige Torturm mit seinen drei Geschossen verfügt sogar noch über ein komplettes (wiederhergestelltes) Fallgitter (darüber steht die Jahreszahl 1502). In der südwestlichen Ecke der Außenmauer ist ein fünfeckiger Turm, dessen Obergeschoss zu einer Wohnung ausgebaut wurde.

Gar 24 Betten gibt es im Pfarrhaus, das nahe der Mauer der Kirchenburg steht (auf den beiden nächsten Seiten das Haus mit den Solarpaneelen auf dem Dach). Einer der Räume ist ein 14-Betten-Zimmer, wodurch auch die Bestimmung klar wird: Es ist das »Europäische Jugendbegegnungszentrum Kirchenburg Holzmengen e.V.« Unter diesem Namen ist es auch bei *Facebook* zu finden. Die Übernachtungspreise sind natürlich moderat – oder gar nicht: Wer mindestens drei Stunden in Haus oder Hof arbeitet, zahlt nichts.

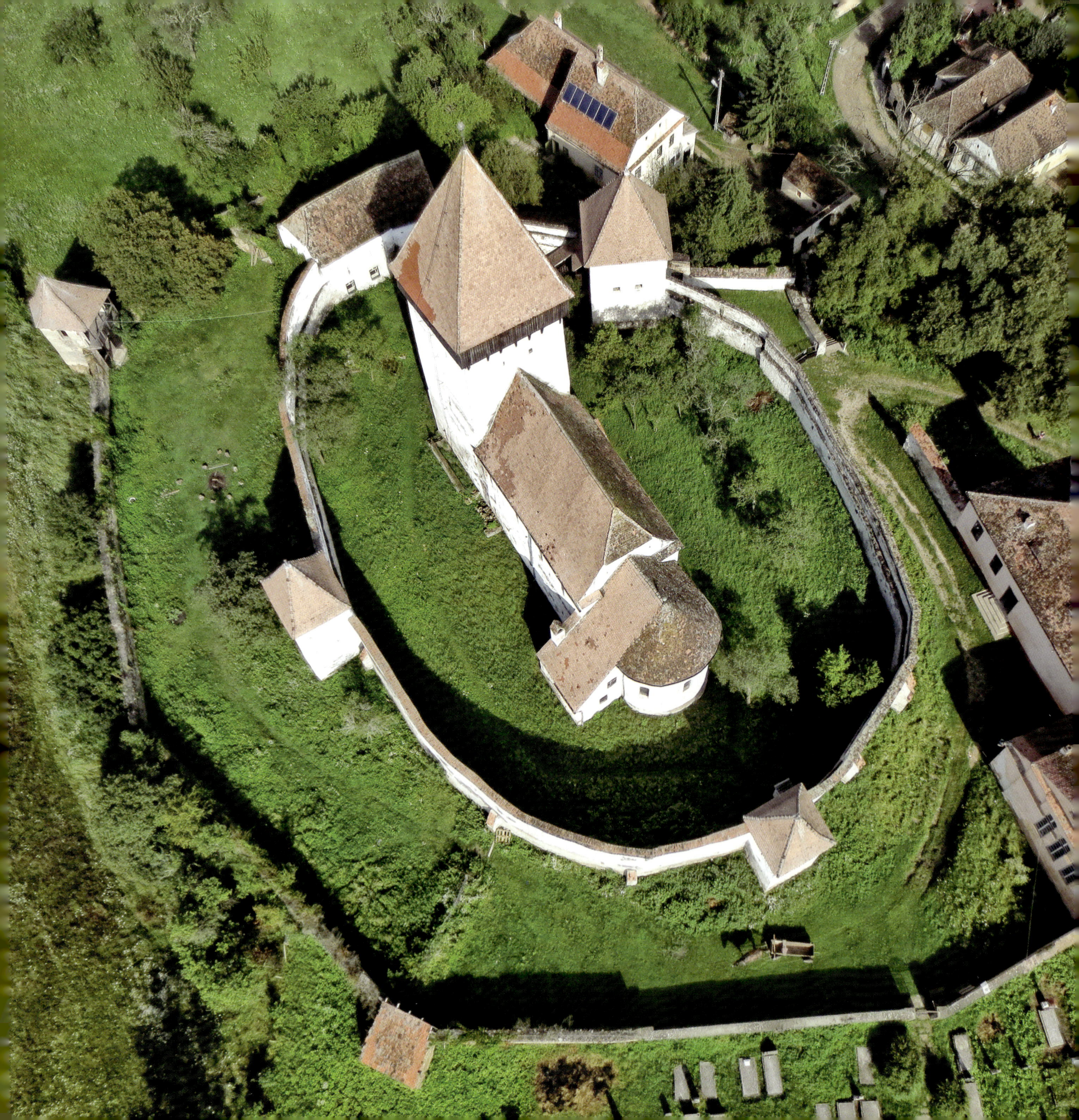

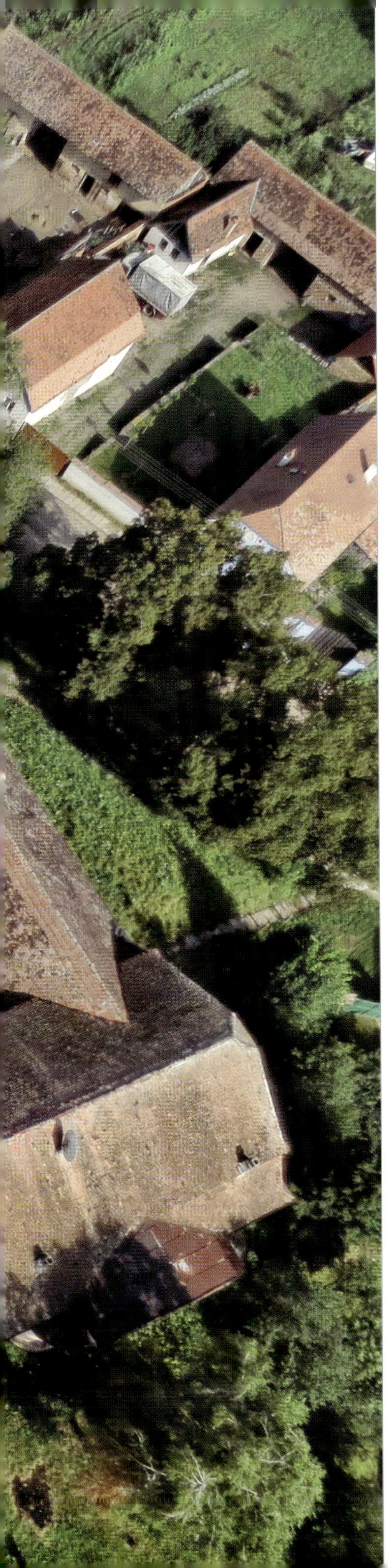
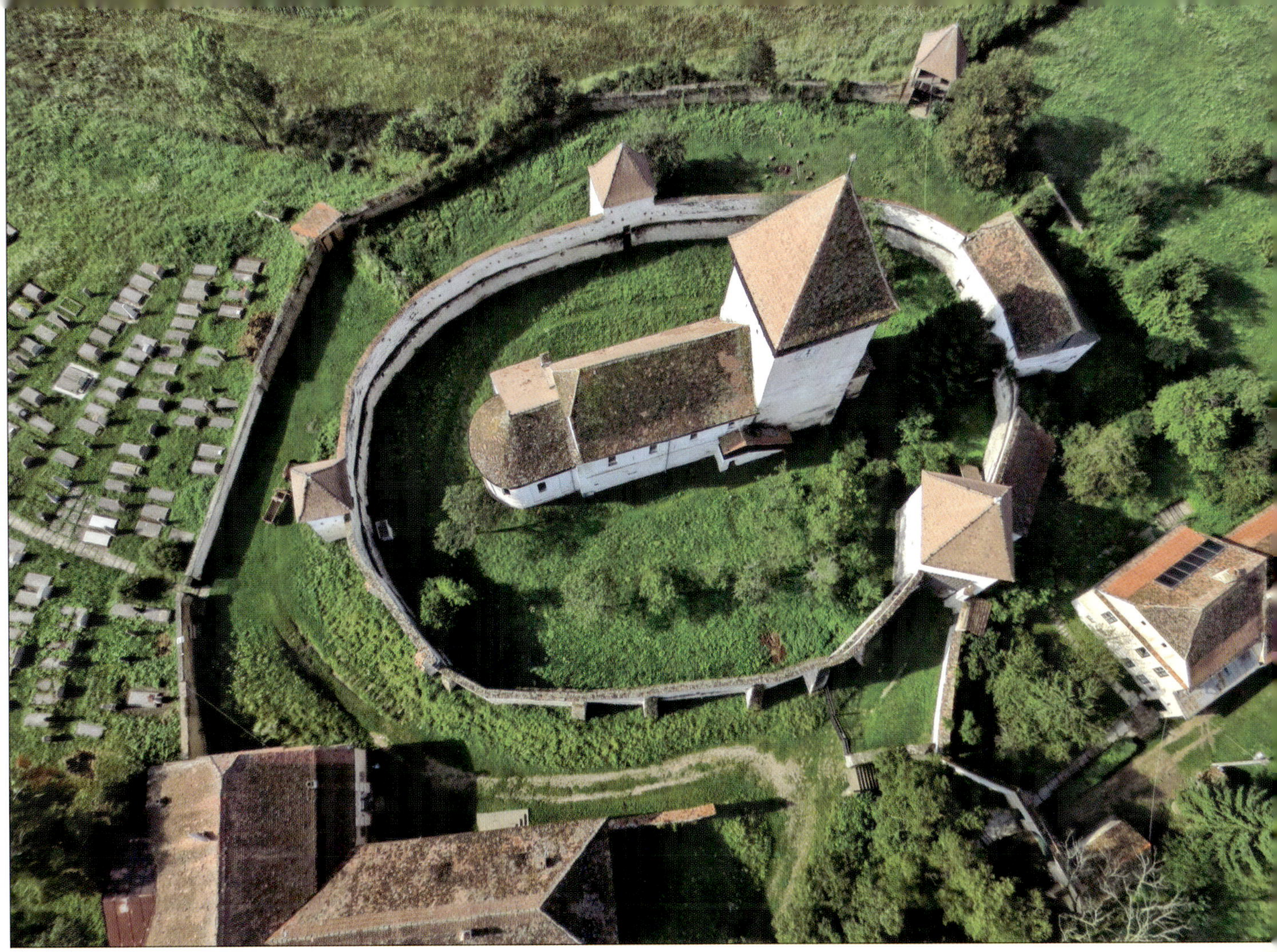
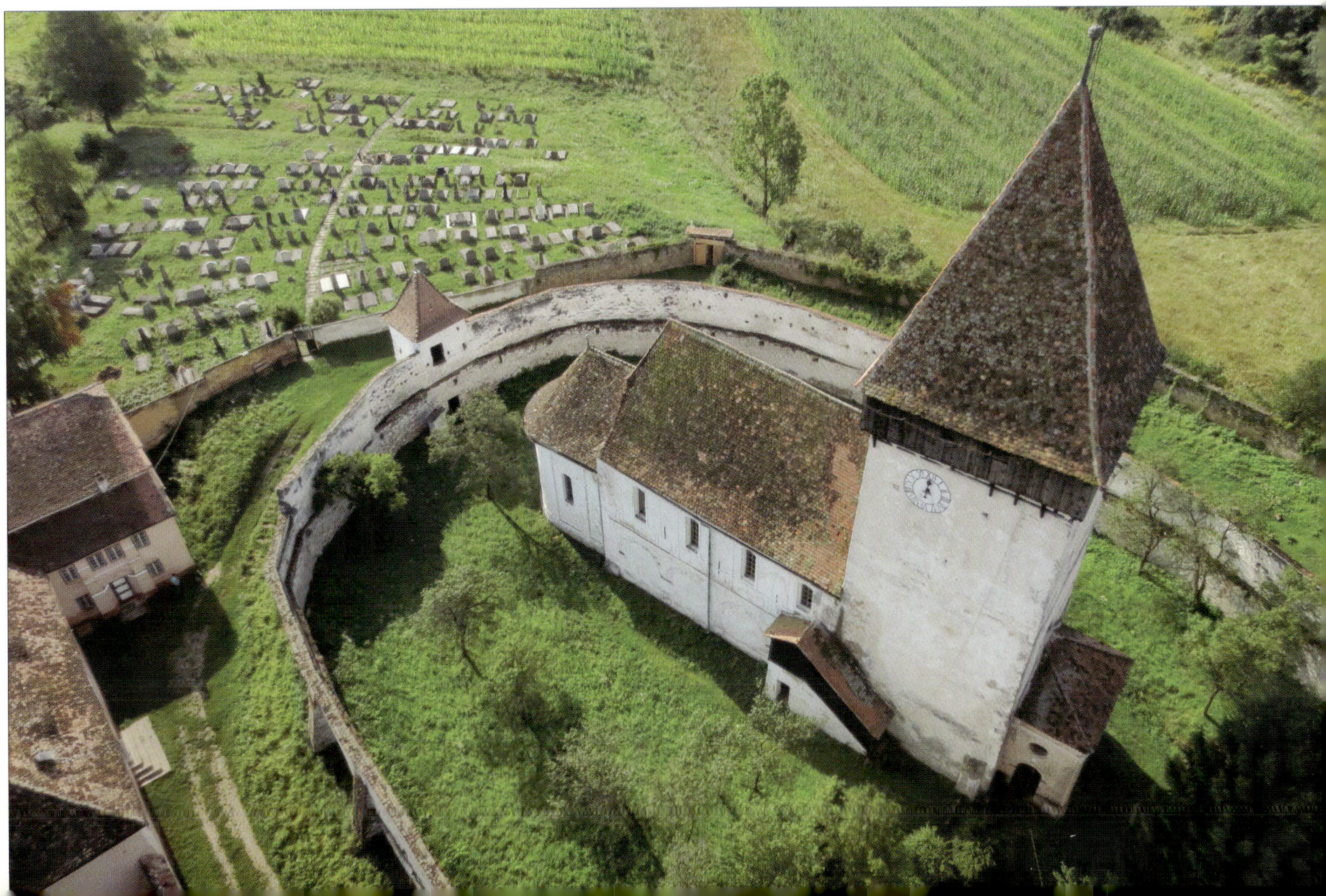

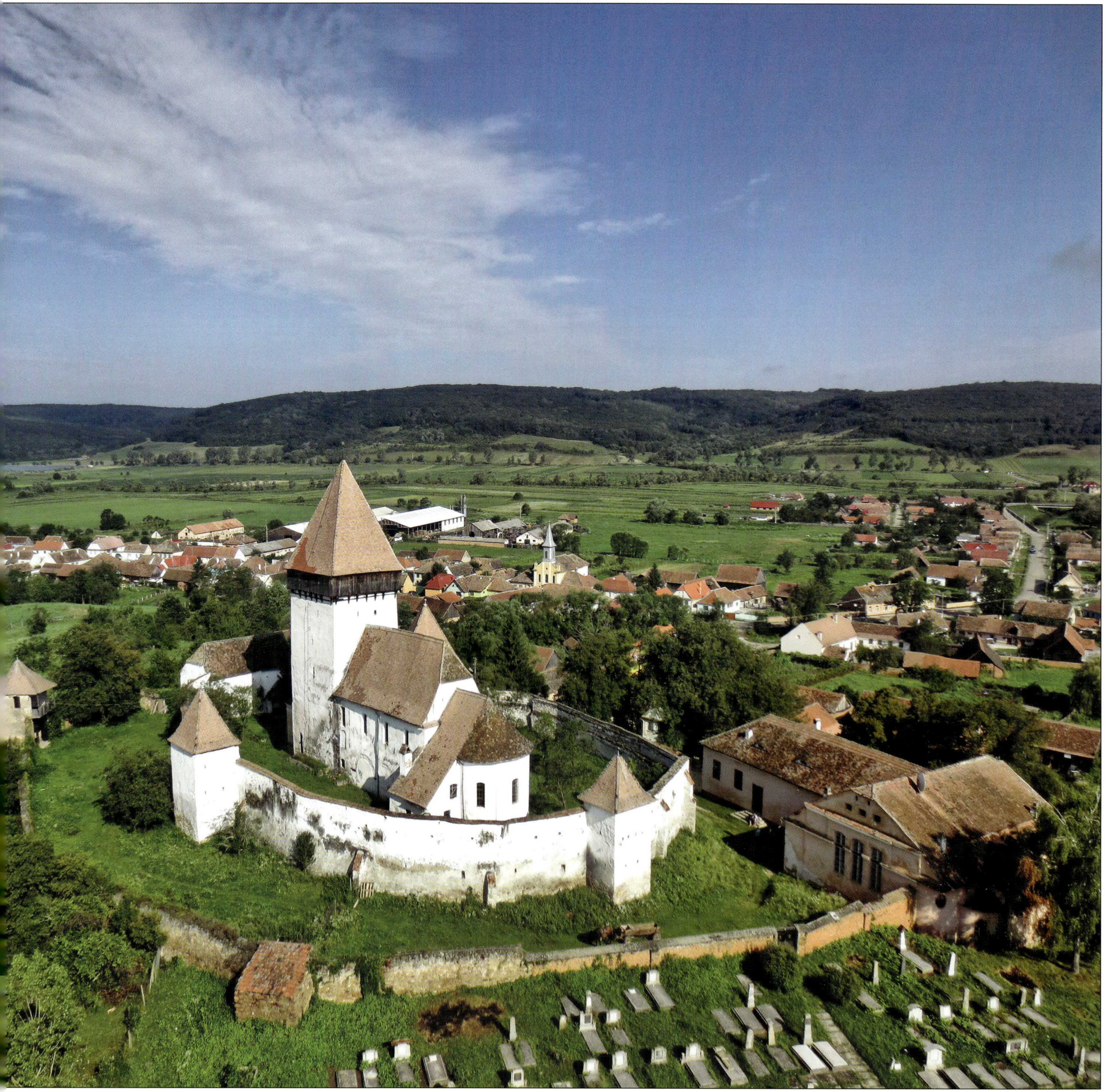

Marpod Marpod Márpod Mooerpet oder Muirpert

Eine neue Kirche in alten Mauern findet man etwas abseits der Hauptstraße in dem Dorf, das – eine Seltenheit – in allen drei Sprachen gleich heißt: Marpod.

Im Jahr 1349 erstmals als Meyerpoth erwähnt, gehörte Marpod stets zu den bescheidenen Dörfern im Harbachtal. Eine Marienkirche wird erst 1402 erwähnt, von ihr ist nur ein Blattkapitell erhalten, das in einen Pfeiler des heutigen Chores eingemauert ist. Um 1500 gab es ganze 13 Familien, einen Schulmeister und zwei Hirten in dem Dorf. 1658 verbrannten Tataren die Kirche, um Ende des 17. Jahrhunderts wurde sie an nahezu derselben Stelle neu erbaut, die dritte und heutige Variante entstand zwischen 1785 und 1789, sie ist im klassizistischen Stil des 19. Jahrhunderts gehalten, ausgestattet mit einem dreiflügeligen Altar. Auf dem Mittelbild ist eine Kindersegnung zu sehen, 1926 gemalt von dem Hermannstädter Hans Hermann. Die Orgel wurde 1762 von Johannes Hahn erbaut.

Die Ringmauer besaß ursprünglich an jeder ihrer Ecken einen Turm. Das alte Rathaus steht auch noch heute, organisch verbunden mit dem Bering.

Marpod Marpod Márpod Mooerpet oder Muirpert

Marpod Marpod Márpod Moserpet oder Mulrpert

Leschkirch Nocrich Újegyház Leschkirch

Leschkirch (von moselfränkisch *Lesch*, was *Schilf* bedeutet) heißt rumänisch Nocrich, und das kommt vom sächsischen *de no Kirch*, deutsch Neu-Kirch. Neu deshalb, weil die Familie Samuel von Brukenthals 1799 neben der alten Kirche, einer im 13. Jahrhundert erbaute romanische Basilika, abtragen und eine neue im Empire-Stil errichten ließ, gegenüber dem Geburtshaus des Barons und Gouverneurs Siebenbürgens (geboren 1721, gestorben 1803).

Die Kirchenburg hatte im 19. Jahrhundert noch sieben Türme. Die im Norden und Osten wurden bereits im 15. Jahrhundert errichtet und 1900 abgetragen. Der mächtige Speckturm steht an der nordöstlichen Ecke des Burghofes, die Leschkircher bauten ihn im Jahr 1673. In der Mitte der Nordmauer steht der Türkenturm (auf der Seite 31 links der mittlere Turm) mit einem Kranz von Gusslöchern und einem gewundenen Spitzhelm.

An den Westecken sind zwei kleine Türme aus dem Jahr 1648, die im Laufe der Jahrhunderte stark in den sumpfigen Boden Leschkirchs (das Schilf im Namen!) eingesunken sind – die Eingänge sind mitsamt dem Erdgeschoss versunken. Die Kirche, deren Dach 2014 erneuert wurde, hat eine sehr seltene Nord-Süd-Ausrichtung. Innen ist sie in einheitlichem klassizistischen Stil, bemerkenswert ist die Emporenverkleidung in Form eines gerafften Vorhangs.

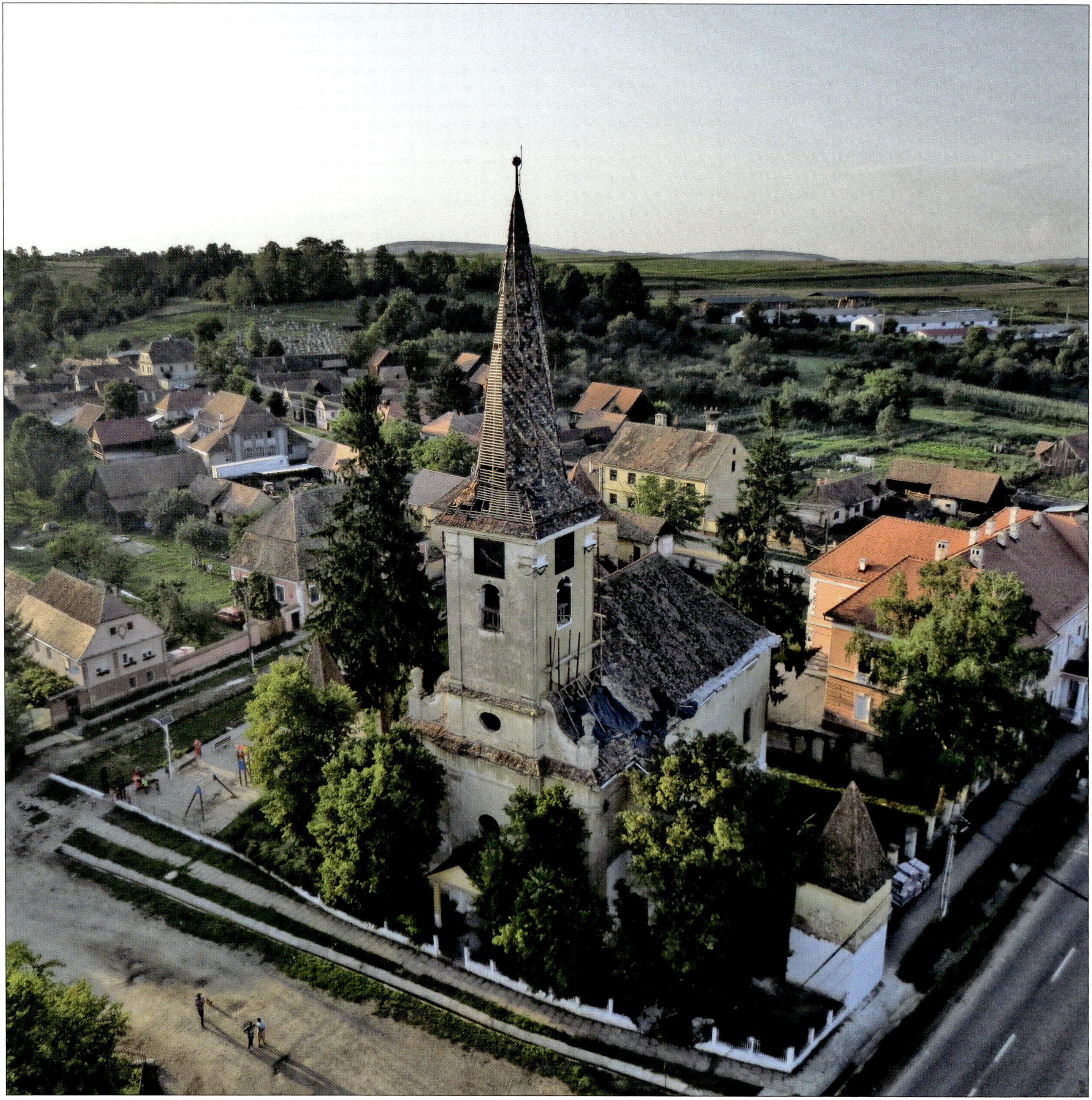

Alzen Alţina Alczina Álzen

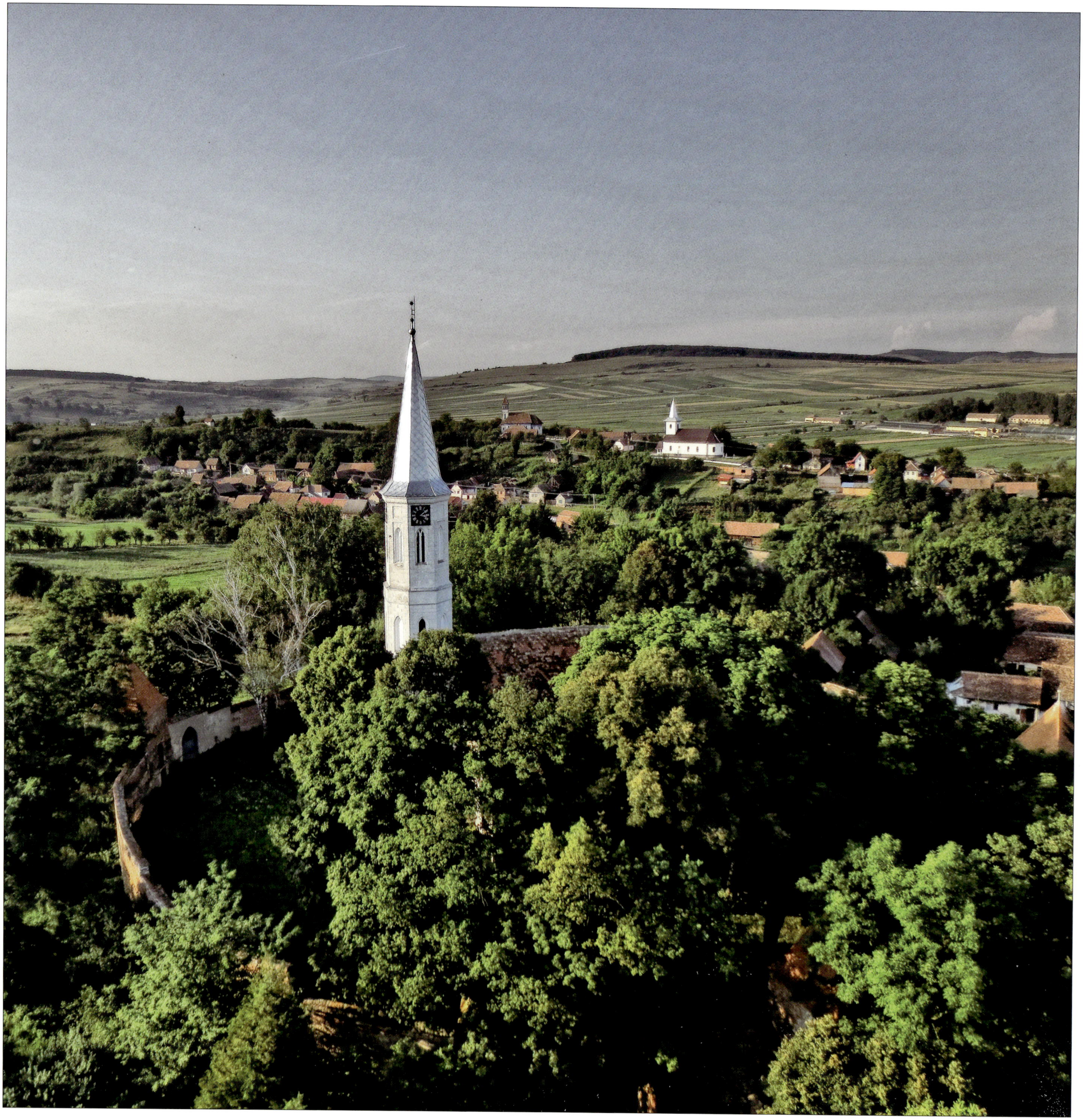

Viel mehr als das Blechdach der Alzener Kirche sieht der Reisende von keinem Punkt der Straße Hermannstadt–Agnetheln, obwohl sie sich auf einem Hügel unweit der Dorfmitte befindet. Auch aus der Nähe schält sich die Kirchenburg nur wenig aus ihrem Baumversteck heraus. Erst aus der Luft ist das fast perfekte Oval des Berings zu sehen, 75 Meter in Ost-West-Richtung, 62 Meter von Nord nach Süd, der relativ früh, vermutlich schon im 13. Jahrhundert errichtet wurde. Jede Himmelsrichtung hat ihren Turm, der östliche wurde um 1500 zum Burgtor ausgebaut, heute kann man noch am zugemauerten Tor die Gleitrillen des Fallgitters erkennen. Einst war die Kirche eine turmlose romanische Basilika, wie fast alle der später umgebauten Kirchen des Siebenbürger Sachsen. Der Chor der Kirche wurde im 16. Jahrhundert verlängert, der im Westen des Mittelschiffes angebaute Glockenturm und die Sakristei im Süden des Chores stammen beide aus der Zeit 1856 bis 1859. Anfang des 20. Jahrhunderts stürzte der Nordturm ein, auch die Vorratskammern im Inneren der Mauern verschwanden, ihre Steine wurden als Baumaterial im Dorf verwendet.

Der wertvollste Besitz der Kirche war das Taufbecken aus Glockenbronze, gegossen von dem Hermannstädter Meister Leonhard im Jahre 1404, andere frühe Taufbecken befinden sich in Mediasch, Schäßburg, Schaas, Henndorf, Denndorf und Kleinschelken. Der neugotische Altar ist rund 150 Jahre alt, auf dem Mittelbild ist Jesus zu sehen mit erhobener segnender Hand. Die Orgel wurde um 1780 gefertigt.

Bereits gegen Ende des 18. Jahrhunderts hatte Alzen rund 1350 Einwohner und war damit die größte Gemeinde des Leschkircher Stuhls – weswegen die Gemeinden auch heftig um den Stuhlsitz rivalisierten. 1910 war der Ort auf 2113 Bewohner angewachsen.

Im Jahre 2005 gab es noch 74 Gläubige in der evangelischen Gemeinde – darin sind aber die siebenbürgisch-sächsischen Gläubigen aus Holzmengen, Marpod, Leschkirch und eben Alzen zusammengefasst.

Agnetheln Agnita Szentágota Angniitlen

Der größte Ort des Harbachtals führte einen langen Kampf mit Großschenk/Cincu, bis die Nationsuniversität, das Parlament der Siebenbürger Sachsen, 1635 definitiv Agnetheln den Vorzug gab. Endgültig abgehängt wurde Großschenk durch einen kleinen Bummelzug: So langsam die *Wusch* genannte Schmalspurbahn von Hermannstadt nach Schäßburg auch war, so segensreich erwies sich sich für die wirtschaftliche Prosperität Agnethelns und des gesamten Harbachtals. 2001 fuhr der letzte Zug, seitdem geistern immer wieder Gerüchte um eine Auferstehung der Wusch durchs Harbachtal.

Damit verspricht sich Agnetheln auch mehr Besucher seiner Kirchenburg. Zwar sind die Mauern fast gänzlich verschwunden (1845 wurde die äußere Ringmauer abgetragen, 1867 die Vorratskammern und um 1870 die Reste des dreifachen Berings), doch sind die Türme noch in voller Pracht vorhanden. Auf dieser Seite sieht man vorn den Glockenturm und hinten den viel kleineren Schmiedturm. Der Faßbindertum ist

Agnetheln Agnita Szentágota Angniiten

Agnetheln Agnita Szentágota Angnitlen

zugleich auch Torturm (Seite 38 vorn), mit Hohlziegeln gedeckt und mit einem Wehrgang versehen. Auf Seite 39 ist rechts vorn der Schusterturm, dahinter der Schneiderturm, den die alte Schule übers Eck mit dem Schmiedturm verbindet. Ein wenig komplizierter gestaltet sich die Suche nach dem Töpferturm: In ihm steckt nämlich der Glockenturm der Kirche, wird also quasi von dem Wehrbau, dessen Verteidigung den Töpferzunft oblag, ummantelt.

Die romanische Basilika wurde ab 1409 zur Hallenkirche umgebaut. Chor und Mittelschiff bekamen als Decke ein Tonnengewölbe, die runden Arkaden der Basilika wurden zu Spitzbögen vergrößert. An die Westfront baute man den Glockenturm an, der erst im Zuge der Wehrbarmachung seinen dicken Mantel erhielt.

In der Kirche gibt es einen Barockaltar von 1650, dessen Mittelbild eine Kreuzigung zeigt, die Orgel stammt aus 1850. Immerhin noch 160 Gemeindemitglieder gibt es in Agnetheln. Im Jahr 1977 zum Beispiel hatte Agnetheln 13 000 Einwohner, von denen 3700 Siebenbürger Sachsen waren. Zwei Jahre nach der großen Auswanderungswelle von 1990 waren es noch 400.

Wirtschaftlich ist Agnetheln ins Hintertreffen geraten, und wenn einmal in überregionalen Zeitungen über die Stadt geschrieben wird, dann über den Urzellauf: Maskierte in Zottelkostümen und mit teuflischen Fratzenmasken treiben allerlei Schabernack. 1689 wurde zum ersten Mal der Mummenschanz der Zünfte in Agnetheln erwähnt. 1941 untersagt, wurde er sogar in kommunistischer Zeit, 1969, wieder erlaubt.

Roseln Ruja Rozsonda Ruiseln

Rund fünf Kilometer nördlich von Agnetheln liegt Roseln an einem Seitenbach des Harbachs. Um 1400 wird es als Vallis Rosarum erstmals erwähnt, um 1500 trägt es den Namen Rozendal. Die Kirche der Hl. Magadalena, im 13. Jahrhundert als romanische Basilika gebaut, bekam bei dem gotischen Umbau im 15. Jahrhundert Wehranlagen, zum Beispiel den Wehrgang des Turmes, Gussscharten, und Spitzbogenfenster. Um 1500 wurde auch eine Glocke gegossen mit der Inschrift »O rex glorie veni cum pace«.

Den einst doppelten Bering der Kirchenburg gibt es nicht mehr. Mauerreste sind noch im Osten der Kirche vorhanden. Aus Hermann Fabinis *Kirchenburgenatlas* erfahren wir, dass es in Roseln ein Nonnenkloster gegeben haben soll, der Heiligen Rosalia geweiht.

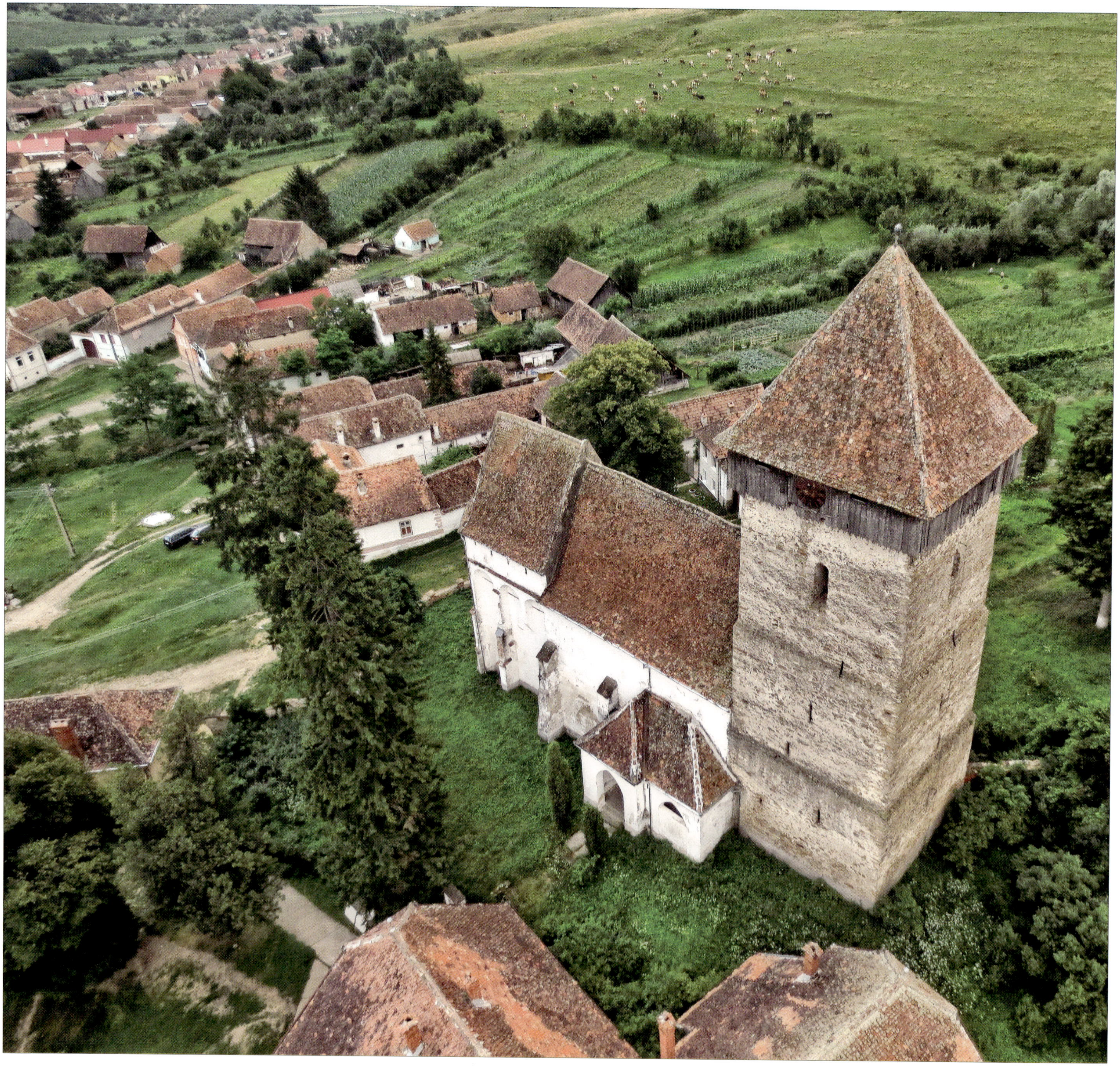

Roseln Ruja Rozsonda Ruiseln

Roseln Ruja Rozsonda Ruiseln

Probstdorf Stejăriş Prepostfalva Pruuesstref

In einem erstaunlich guten Zustand präsentiert sich heute die Kirchenburg des Dorfes mit einer zum Teil doppelten Wehrmauer und zwei Wehrtürmen. Ihre architektonische Karriere begann ausnahmsweise nicht als romanische Basilika, sondern im 14. Jahrhundert gleich als turmlose gotische Saalkirche. Ihre Vorgängerin, mitsamt Dorf ein paar Kilometer entfernt in Harbach-Nähe gelegen, vermochte den andauernden Hochwassern des Flusses nicht mehr standzuhalten. Die Probstdorfer entschieden sich für den Umzug mit Kind, Kegel und Kirche hangaufwärts in ein Seitental. Um 1500 zählte die freie Gemeinde des Schäßburger Stuhls 34 Familien, drei Hirten und einen Schulmeister. Die Westfassade der Kirche wich im Zuge der Befestigungsmaßnahmen einem massiven, fensterlosen Turm mit Wehrgang, in dem heute noch der Speck aufgehängt wird. Im 19. Jahrhundert, als Mauern nicht mehr vor den Feuerwaffen der Feinde zu schützen vermochten, rissen die Probstdorfer die innere Kirchenburgmauer ab und erweiterten mit den Steinen ihre Kirche. Das gotische Gewölbe ersetzte eine flachen Stuckdecke.

Mit EU-Mitteln wurde die Kirchenburg 2011 als erstes von 18 Projekten renoviert. Dass auch das Dorf ringsherum eine so prächtigen Eindruck macht, ist in hohem Maße Barbara Schöfnagel und der von ihr geleiteten Stiftung *Austria Pro Romania* zu verdanken, die aus der Soforthilfe Österreichs entstanden ist. Ihr gelang es, die Einwohner, es sind zu 85 Prozent Roma, teilweise umzuschulen, sie zu verschiedenen Tätigkeiten motivieren. Hilfe wurde geboten bei der Renovierung der alten Sachsenhäuser, und so heben sie sich wohltuend ab von denen in anderen Dörfern, wo Umbauten und moderne Fenster das architektonische Erbe bis hin zur Unkenntlichkeit verändert haben.

Juni 2007 begann das Projekt mit dem Umbau von Schule und Kindergarten. Das Pfarrhaus wurde renoviert und in ein Begegnungszentrum mit 24 Schlafplätzen verwandelt. Im Dorf wurden bis 2009 über 60 Fassaden instandgesetzt. Während der Arbeiten erhielten viele der arbeitslosen Dorfbewohner eine handwerkliche Grundausbildung. Frauen lernten Nähen, Käse zu machen oder das Blumenbinden. Viele Probstdorfer haben inzwischen Arbeit gefunden in Mediasch oder Agnetheln. Wichtig für die lokale Wirtschaft aber ist vor allem, dass immer mehr Touristen kommen. Die Pfarrhauszimmer stehen zur Verfügung, in der Kirchenburg werden hausgemachte Marmelade, Honig und andere Propstdorfer Produkte verkauft.

Probstdorf Stejăriș Prepostfalva Pruuesstref

Jakobsdorf Jacobeni Jakabfalva Jookesderf

Was für ein geräumiges Dorf! Ein Kilometer nördlich der Harbachtal-Straße liegen an einem riesigen grünen Anger die Häuserzeilen Jakobsdorfs. Überschwemmungssicher wurde die Kirche im 14. Jahrhundert auf einen kleinen Hügel gebaut, damals noch außerhalb des Dorfes. Die gotische Saalkirche erhielt zum Ende des 15. Jahrhunderts ein spätgotisches Netzgewölbe, bei der Befestigung um 1500 leisteten sich die Jakobsdorfer einen mächtigen Wehrturm mit fast zehn Metern Kantenlänge und einem Wehrgang. Auch über die Sakristei wurde ein Wehrturm

50 **Jakobsdorf** Jacobeni Jakabfalva Jeokesdorf

Jakobsdorf Jacobeni Jakabfalva Jookesderf

Jakobsdorf Jacobeni Jakabfalva Jookesderf

gebaut, das Tor und zwei Ecken der Ringmauer wurden mit Türmen bewehrt.

Eine ernste Gefährdung, gegen die keine Wehrtürme halfen, erlebte die Kirche jedoch ab 2003, nachdem sie an Udo Erlenhardt alias Dornenpriester Don Demidoff verpachtet worden war. Er, der ein umstrittenes Kinderhilfswerk leitete und systematisch alle Kritiker mit (erstaunlich erfolgreichen) Schadenersatzklagen überzog, baute ebenso fleißig wie merkwürdig um: neue Isolierglas-Fenster und Türen, kitschige Engelsköpfe allerorts, mit Leuchtfarben bemalt, die Kanzel wurde abgetragen, der Boden gefliest, die Emporensäulen blau gestrichen – und alles in violette Beleuchtung getaucht. Erlenhardts Tod 2011 erlöste die Kirche.

Jetzt hat ein rumäniendeutscher Investor Kirchenburg und Pfarrhaus übernommen und baut die alten Schule in ein Hotel-Restaurant um.

Neithausen Netuş Nethus Netchesen

Seltsam sieht die kleine Kirche schon aus mit ihrem übergroßen Turm. Und wirklich birgt die kleine Kirchenburg auf dem Weg zum Henndorfer See einige Überraschungen. Ursprünglich turmlos errichtet im 14. Jahrhundert, wollten die Neithausener bei der Wehrbarmachung auf Nummer sicher gehen. Sie ummantelten nicht nur den Chor der Kirche mit einer zwei Meter dicken Mauer, sondern trennten ihn auch von der restlichen Kirche ab – durch diese Mauer führte lediglich eine Pforte, gesichert durch ein Fallgitter. Obendrauf bekam der Chor den überdimensionierten Wehrturm, als kleinere Variante errichteten die Neithausener über dem westlichen Ende der Kirche ebenfalls einen befestigten Turm (später im 19. Jahrhundert wurde dieser abgetragen und durch eine fünfeckigen Anbau ersetzt, in dem die Orgelempore ihren Platz fand). Drumherum legten sie eine steinerne Ringmauer, deren einzigen Eingang ein Torturm schützte (der später zur Burghüterwohnung verwandelt wurde).

Heute sind trotz 700-jähriger Umbauzeit viele alte Details erhalten, so etwa die gotischen Gewölbe im Chor. Eine Besonderheit ist auch der Altar mit integrierter Kanzel, hinter dem eine schmale Pforte in den Chor unter den Wehrturm führt. An den Wänden des Chores führen Treppenstollen nach oben in den Turm, durch die Speckkammer gelangt man zu dem Wehrgang mit Panoramablick.

Neithausen Netuş Nethus Netchesen

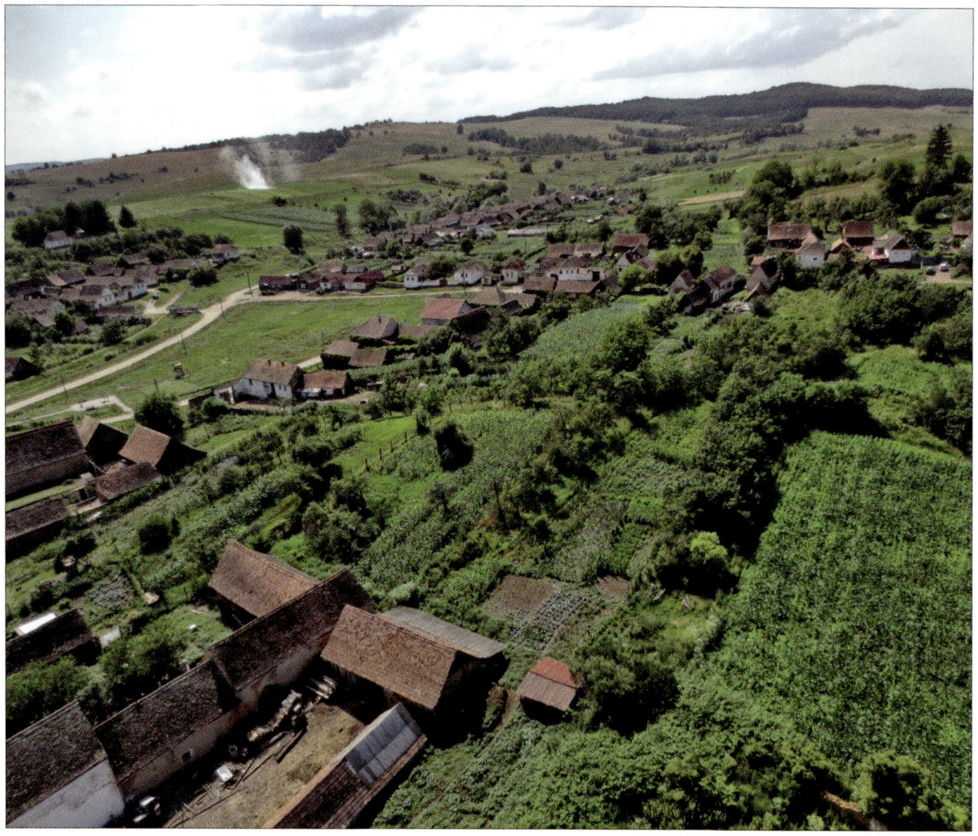

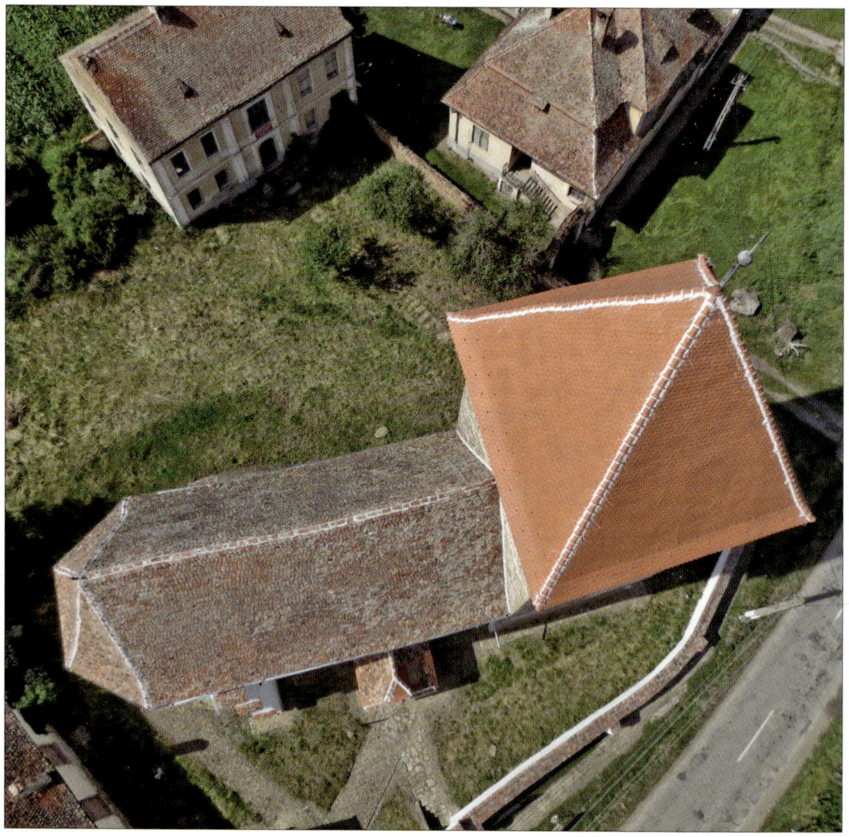

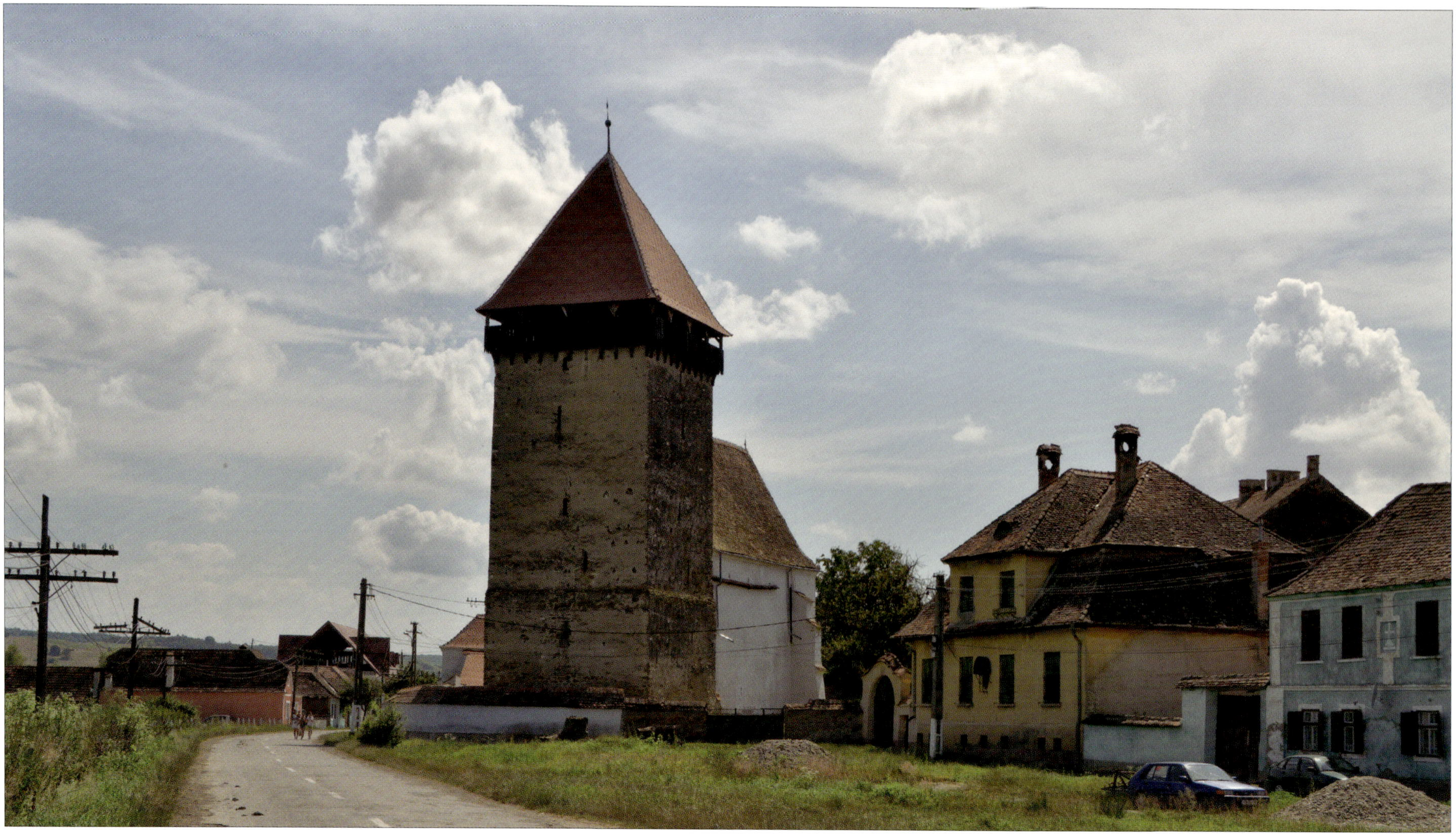

Neithausen Netuș Nethus Netchesen

Neustadt Noiştat Ujváros Nåerscht

Der große Hof der Neustädter Kirchenburg soll auch Dörflern aus umliegenden Orten Schutz geboten haben. Heute sind den Bereich der ehemaligen Mauern Schule (auf dem Foto rechts unten) und Gemeindehaus integriert.
Die Kirche Neustadts war zuerst eine gotische Saalkirche mit Westturm aus dem 14. oder 15. Jahrhundert. Davon steht nur noch der steinerne Turm mit seinen sechs Geschossen. Er wurde, wie anderenorts, um 1500 befestigt und erhielt einen Wehrgang, von dem man heute noch Spuren unter dem Traufgesimse (hölzerne Konsolen) sehen kann. Aus jener Zeit stammt auch das Recht der Gemeinde, bei allgemeiner Mobilmachung die Hälfte der Bürger als Schutz der Kirchenburg dazubehalten. Gegen Ende des 19. Jahrhunderts wurde statt des Wehrgangs ein steiles Turmdach auf das Mauerviereck gesetzt. Vom Schäßburger Johann Folbarth stammt der Barockaltar von 1792: Ein Kruzifix vor einer befestigten Stadt ist darauf zu sehen. Als Bekrönung sind zwei Engel auf dem Altar, dazwischen das Auge Gottes.

Neustadt Noiştat Újváros Náerscht

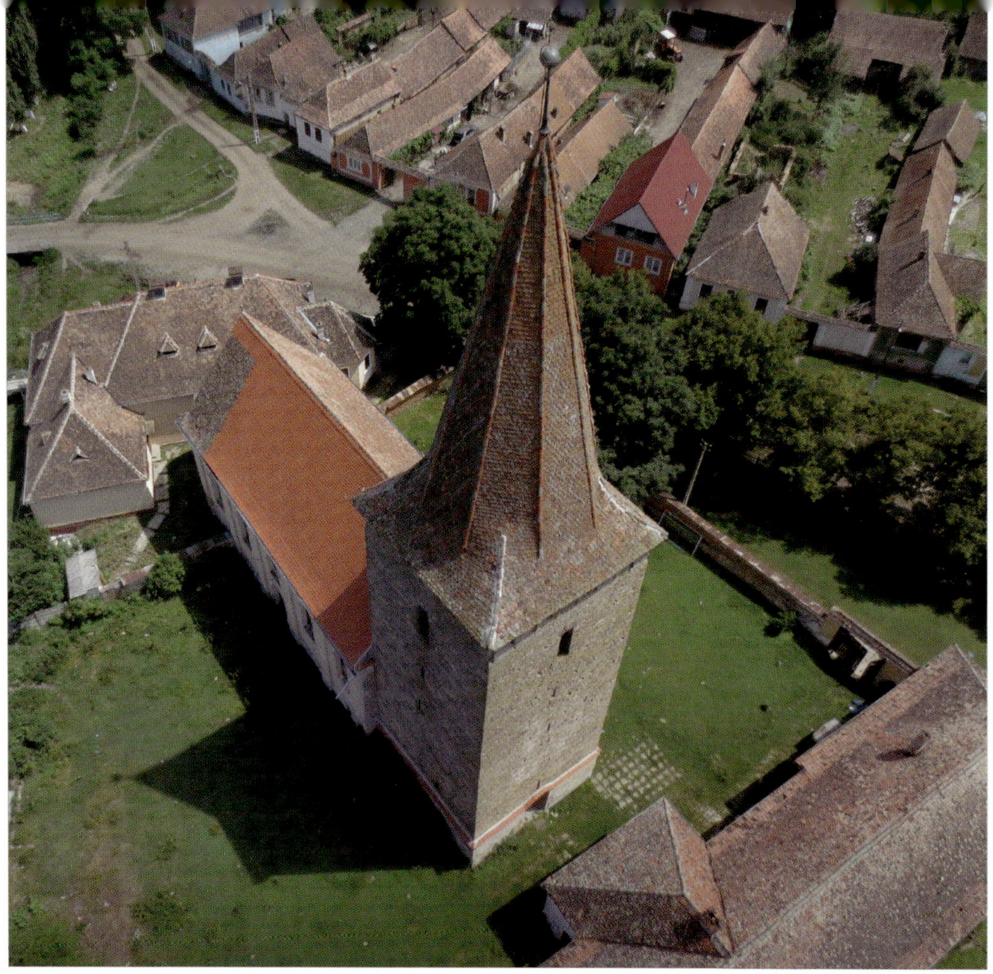
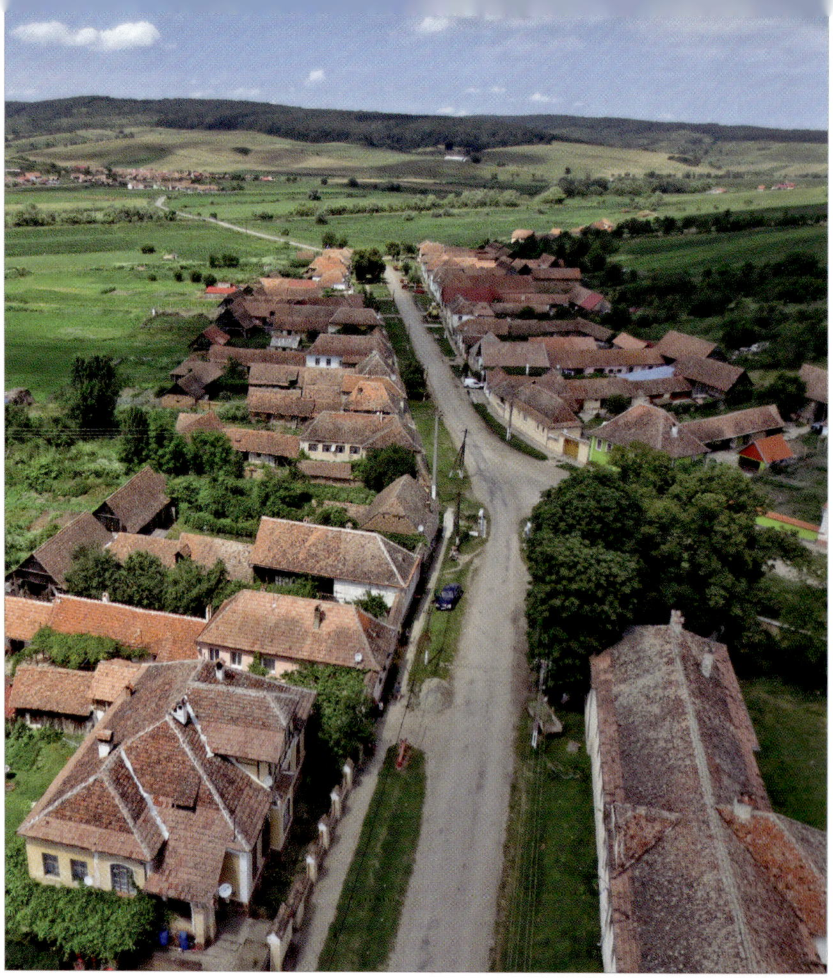
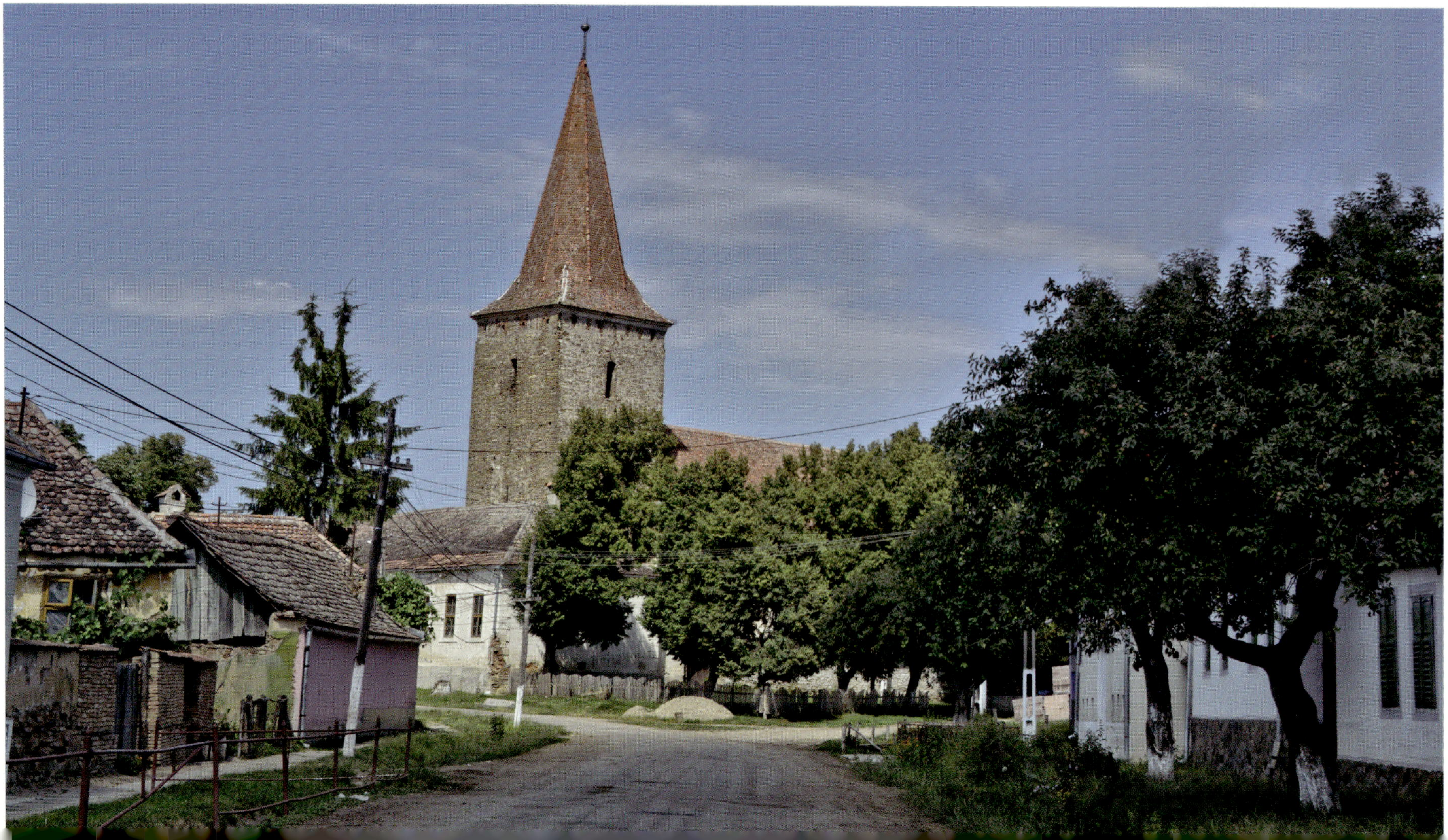

Henndorf Brădeni Hégen Hānderf

Berühmt ist die Henndorfer Kirchenburg für die in ihr aufbewahrten 120 Stollentruhen, die im 16., 17. und 18. Jahrhundert kunstvoll ohne einen einzigen Tropfen Leim zusammengefügt und mit fantastischen Wesen und Figuren bemalt wurden. Seit mehr als zehn Jahren bemühen sich Wissenschaftler und Restauratoren, diese weltweit einmalige Sammlung vor der Auflösung zu bewahren.

Henndorf wurde als *Terra Heen* im Jahre 1297 erstmals erwähnt. Die heutige Kirchenburg steht auf den Resten einer alten Kirche auf einem Anger nahe am Harbach. Vor allem im 17. und auch im 18. Jahr-

Henndorf Brădeni Hégen Händerf

hundert gab es große Überschwemmungen. Infolge der Sandablagerungen muss man heute ins Kirchenschiff einige Stufen hinuntergehen. Der Altar (Foto rechts) stammt zwar von 1910, ist aber dennoch bemerkenswert, denn er besteht zum größten Teil aus einem Gemälde des bekannten siebenbürgischen Malers Arthur Coulin (1869 bis 1912).

Die Henndorfer Kirche besitzt keinen Turm, stattdessen erhielten Saal, Chor und Sakristei allesamt unter dem Dach einen Wehrgang. Von ehemals vier gibt es noch drei Ecktürme in der ursprünglich fünf bis sechs Meter hohen Mauer. Der südöstliche Turm wurde zur Burghüterwohnung umgebaut, der nordöstliche abgetragen. Wie hilfreich die Kirchenburg war, als im Jahre 1658 türkische Truppen das halbe Dorf niederbrannten, ist nicht überliefert. Vermutlich gab es viel zu holen in Henndorf, denn der Ort besaß Marktrecht und eine stattliche Anzahl von Häusern. Im Jahre 1532 gab es 53 Wirte. Diese Bezeichnung meint Hauswirte, also dürfte die Gebäudezahl entsprechend gewesen sein.

Henndorf Brädeni Hégen Händerf

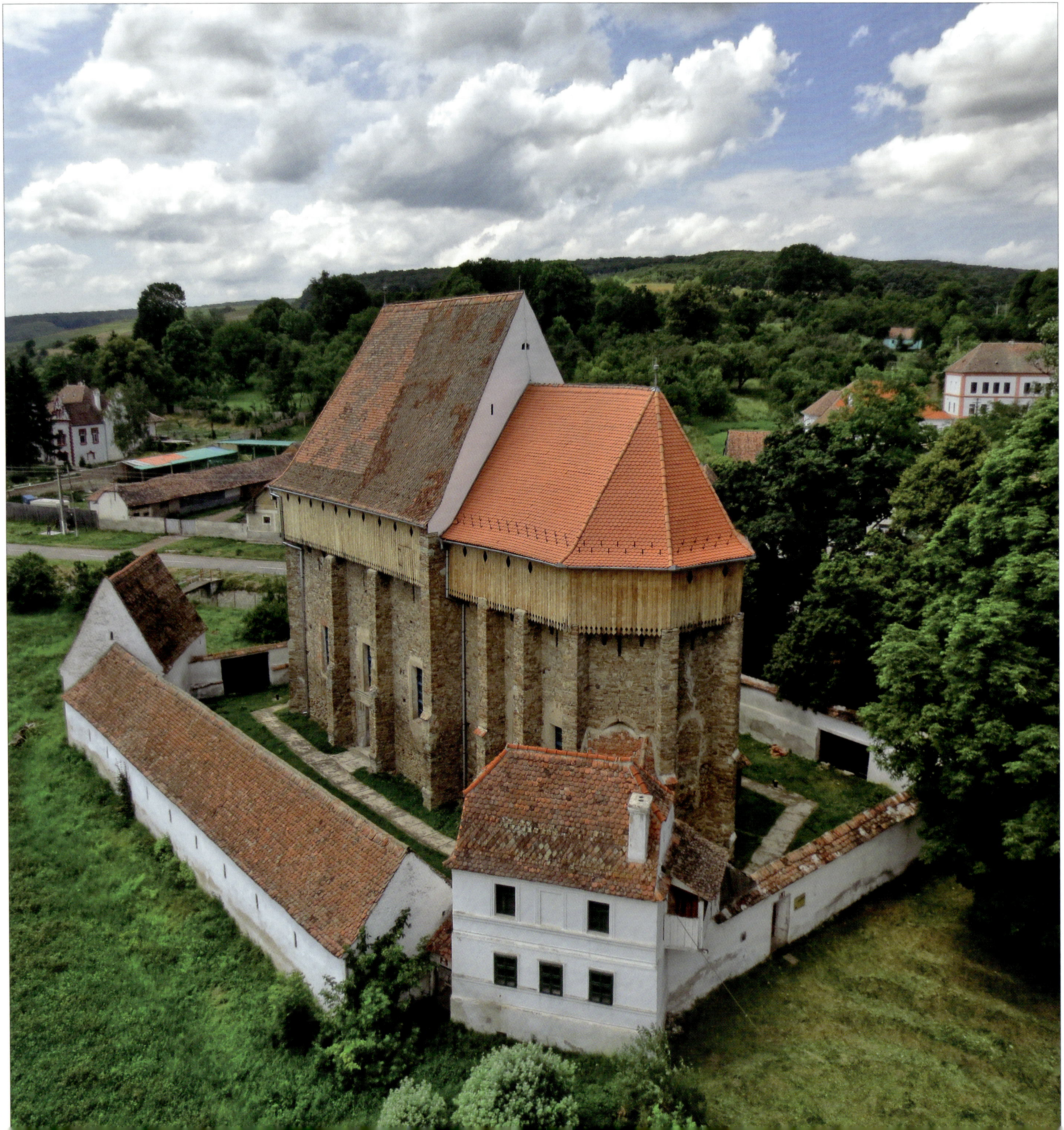

Trappold Apold Apoldya Puult

Ein ganz besonderes Schmuckstück ist eine Kirchenburg, die nur drei Kilometer nördlich des Harbachs steht, doch jenseits der Alt-Mieresch-Wasserscheide, und daher strenggenommen nicht zum Harbachtal, sondern zum Schäßburger Land gehört. Die Zeit ist gnädig mit ihr umgegangen, zu verdanken ist aber der gute Zustand vor allem dem Verein Corona und Sebastian Betghe, der in Trappold wohnt und seit vielen Jahren die Kirchenburg renoviert – sehr

Trappold Apold Apoldya Puult

Trappold Apold Apoldya Puult

Trappold Apold Apoldya Puult

behutsam, sehr authentisch. Viele Besucher danken ihm das. Das nahe Schäßburg lässt einen kleinen Touristenstrom auch nach Trappold sickern. Zu sehen bekommen sie eine Kirchenburg auf einem steilen Hügel inmitten des Dorfes. Die heute noch erhaltenen Wehranlagen stammen aus dem 15. und 16. Jahrhundert. Die bis zu vier Meter hohe äußere Ringmauer ist mit Schießscharten versehen. Erhalten sind auch noch drei Verteidigungstürme. Der Verlauf der inneren Mauern kann anhand der freigelegten Fundamente besonders gut aus der Luft verfolgt werden.

Auf der nächsten Seite ist rechts oben die Südwestbastei mit der Burghüterwohnung nebst heutigem Eingang zu sehen. Darunter ist der umgebaute ehemalige äußere Torturm, der innere ist unter dem vom Glockenturm teilweise verdeckten Dach. Das längliche Gebäude auf den Fundamenten der inneren Mauer und das Viereck darunter sind beziehungsweise waren Fruchthäuser der Trappolder.

Im Kircheninneren ist ein klassizistischer Orgelaltar des Schäßburgers Johann Theiß zu sehen (1821). Die Steinkanzel trägt eine barocke Kanzelkrone mit der Inschrift *1764*. Die Orgel des Johann Thois ist aus dem Jahr 1821. Im Dachgeschoss fand man 1957 ein Holzkreuz mit Jesus Christus, das aufgrund seiner Qualität dem Bayern Veit Stoß oder einem seiner Söhne zugeschrieben wird.

Trappold **Apold** Apoldya Puult